AF348254

SECRETS ET MYSTÈRES

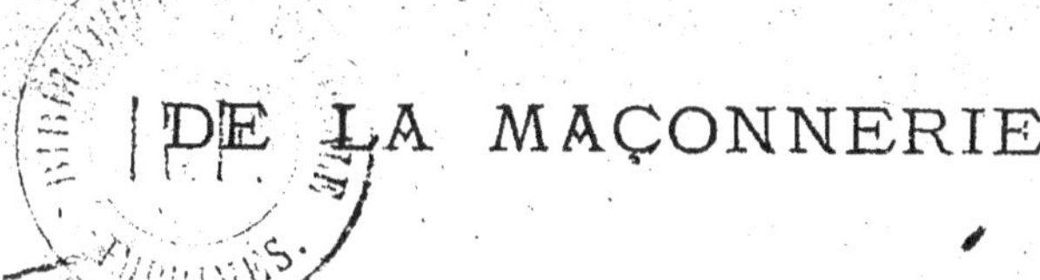

DE LA MAÇONNERIE

PARIS

IMPRIMERIE DU F∴ N. BLANPAIN

7, RUE JEANNE, 7

1887

LOGE LA RENAISSANCE

TENUE DU 9 MAI 1887

Le F∴ A. S. Morin a donné lecture du mémoire suivant :

De tous temps, la Franc-Maçonnerie a rencontré des hostilités violentes, a été en butte à toutes sortes de calomnies. Parmi ces attaques, il y en a qu'elle peut dédaigner : quand il ne s'agit que d'outrages, d'imputations vagues, il suffit du silence du mépris. Mais il n'en est pas de même quand ses ennemis articulent des faits précis et dont l'exposé est de nature à faire impression sur le public. Alors l'honneur de la corporation exige qu'elle dissipe les erreurs, qu'elle mette la vérité au grand jour et qu'elle fasse disparaître tout ce qui peut nuire à sa considération.

Son but étant d'éclairer le monde, de travailler au progrès de l'humanité, elle doit veiller à ce qu'on ne puisse se méprendre sur sa noble mission.

Une des calomnies les plus répandues consiste à prétendre que l'Ordre maçonnique exerce sur ses membres une juridiction souveraine, qu'elle condamne à mort ceux qui manquent à leurs engagements, qu'elle charge un membre de l'exécution capitale, et que, s'il se refuse à accomplir cet office de bourreau, il est lui-même frappé d'une sentence de mort, à laquelle il ne peut échapper.

Un vil renégat s'est surtout signalé par l'acharnement avec lequel il a poursuivi la Maçonnerie où il avait été admis. Dans une série de pamphlets diffamatoires, il accumule les mensonges et il donne une relation circonstanciée de deux prétendues exécutions maçonniques.

L'une concerne Wiliam Morgan, journaliste à New-York, qui, ayant publié un livre où il révélait les secrets de la Maçonnerie, aurait été assassiné par des Francs-Maçons le 13 septembre 1826. L'autre est relatif à l'assassinat, pour les mêmes causes, commis à Rhodez le 31 mai 1834 : les victimes de ce second crime seraient Emiliani et Lazzonachi.

Nous commençons par protester contre toutes ces prétendues relations. Mais il importe que la lumière se fasse et que l'imposture soit confondue.

Voici encore un autre cas dont nous croyons utile de faire mention.

Le préfet de l'Eure nommé Barrême a été assassiné dans un wagon de chemin de fer ; l'autorité judiciaire a fait des recherches multipliées, sans pouvoir découvrir l'auteur de ce crime mystérieux et demeuré impuni. Le parti clérical n'a pas craint d'en accuser la Franc-Maçonnerie dont Barrême était membre. Le journal *le Pèlerin* a affirmé que cet individu ayant refusé d'exécuter une sentence de mort, prononcée par la Maçonnerie contre un membre qui avait révélé les secrets de l'Ordre, avait été lui-même condamné à mort et exécuté, et que l'auteur de cette exécution avait échappé à toutes poursuites, grâce à la connivence des ministres de la République, tous affiliés à la Franc-Maçonnerie.

Ce dernier fait ne présente pas le même degré d'importance que les deux précédents, puisque *le Pèlerin*, qui l'a enregistré, se borne à des assertions gratuites, à l'appui desquelles il n'apporte aucun commencement de preuve, aucun indice propre à appuyer son incrimination. Cependant, même en l'absence de toute justification, cette imputation peut produire quelque émotion et paraître vraisemblable aux personnes qui ont été entretenues dans la croyance aux vengeances maçonniques. On conçoit que, pour celui qui en admet la réalité, la mort violente d'un Franc-Maçon peut toujours être regardée comme suspecte et faire naître une opinion défavorable ; la Maçonnerie apparaîtra sans cesse comme un spectre altéré de vengeance.

Il est donc de la plus haute importance d'édifier le pu-

blic au moyen d'explications catégoriques qui ne puissent
laisser subsister aucun doute.

Dans tout Etat civilisé, le droit de punir n'appartient
qu'à la société qui l'exerce par les magistrats qu'elle insti-
tue. On ne peut admettre qu'un particulier se fasse justice
lui-même ; car ce serait autoriser les vengeances et les
crimes de toute nature : celui qui croirait avoir à se plain-
dre d'un méfait quelconque, réel ou imaginaire, pourrait
impunément se défaire de l'objet de sa haine et s'érigerait
de son autorité privée, en législateur, juge souverain et
exécuteur. Ce serait une véritable désorganisation. C'est
donc un principe salutaire et essentiel, que tout individu
qui a des griefs contre quelqu'un, doit s'adresser aux magistrats pour obtenir la réparation du dommage qui lui
a été causé. Une compagnie ou association n'a pas, à cet
égard, d'autres droits qu'un particulier ; et ce serait intro-
duire un Etat dans l'Etat, que de lui laisser exercer une
juridiction sur ses membres.

La Franc-Maçonnerie n'a jamais cherché à se placer en
dehors du droit commun. Ses statuts et règlements ne
contiennent aucune trace de prétention semblable. Elle
n'exerce, contre ses membres, qu'une juridiction discipli-
naire, qui ne peut lui être contestée ; et elle ne prononce
que des peines d'ordre moral, c'est-à-dire l'exclusion tem-
poraire ou définitive, suivant les règles tracées par sa constitution. Elle déclare, au besoin, indigne de faire partie
de la communauté, celui qui a manqué à l'honneur ; elle
laisse à la conscience publique à le frapper de mépris.
C'est ce qui a eu lieu notamment pour l'auteur des igno-
bles écrits que nous avons mentionnés ; il se venge par de
lâches insultes, de la flétrissure dont il a été frappé.

La croyance aux vengeances maçonniques est donc complétement erronée et doit être énergiquement démentie.
Examinons toutefois ce qui a pu la faire naître et l'autoriser.

Il y a dans le rituel certaines parties qui, mal interprétées, ont dû faire croire à ces vengeances. Quand le néophyte est admis, on enlève le masque qui couvrait sa figure, et il se trouve en présence des membres de la Loge, armés de glaives dont la pointe est tournée vers sa poitrine ; et le Vénérable lui adresse ces paroles :

« Tous ces glaives tournés vers vous signifient que, en toute circonstance, vous trouverez chez les Francs-Maçons aide et protection ; et que, si vous manquiez à vos serments, vous ne trouveriez chez eux que des *vengeurs*. »

Sans doute, ce rite, comme tous les autres, est symbolique et ne doit pas être pris à la lettre. Néanmoins, il est fâcheux que le sens naturel de ces paroles fasse concevoir une signification extrêmement répréhensible. Le seul appui sur lequel doivent compter les adeptes, c'est un concours bienveillant et fraternel, mais non la défense à main armée. La seule vengeance à laquelle ils s'exposent, c'est la réprobation, le mépris qui, chez tous les honnêtes gens, est lancé contre la déloyauté et le parjure. L'auteur du libelle en question, frappé de cette sentence de mépris, mais demeuré indemne en sa personne, est une preuve vivante de l'innocuité de la formule maçonnique.

Il serait à désirer qu'on renonçât à employer des rites et des formules qui rendent excusable l'erreur répandue à ce sujet et qui favorisent une méprise aussi fâcheuse.

Cette opinion erronée sur les vengeances maçonniques a son origine dans les pratiques usitées chez les anciennes sociétés secrètes.

Il y avait, chez les Grecs, des *mystères*, comme ceux d'Éleusis, de Samothrace, etc., où l'on n'était admis qu'après de longues et pénibles épreuves. De terribles malédictions étaient lancées, avec un rituel effrayant, contre ceux qui en révéleraient les secrets. L'histoire ne nous dit pas que des vengeances matérielles aient été exercées contre ces parjures. Les secrets dont s'enveloppaient les

adeptes, peuvent avoir été motivés par plusieurs causes.
D'abord l'idée de mystère avait quelque chose de séduisant ;
bien des personnes espéraient obtenir, par l'initiation, la
connaissance de vérités inaccessibles au public ; leur va-
nité était flattée d'un privilège qui les élevait au-dessus du
vulgaire. Et, même quand elles apprenaient que ces secrets
longtemps voilés n'avaient rien qui méritât une telle so-
lennité, l'amour-propre les empêchait d'en convenir, et
elles continuaient à faire partie d'associations qui étaient
censées contenir l'élite de l'humanité.

D'un autre côté, il résulte des renseignements fournis
par les auteurs anciens, que, dans ces assemblées mysté-
rieuses, on enseignait des systèmes cosmogoniques et
théologiques, qui étaient en contradiction avec les reli-
gions régnantes, et qui, par exemple, réduisaient les aven-
tures des divinités à n'être que des mythes allégoriques.
C'était un grand pas vers l'émancipation religieuse, vers
la destruction des superstitions séculaires. Mais il n'aurait
pas été prudent de professer ouvertement des idées aussi
hardies. On était donc obligé de s'envelopper de secrets.
Ces précautions ont été indispensables tant que la liberté
complète de discussion n'a pas été obtenue et réalisée.

La sainte Vehm qui exista au moyen âge, présente surtout des traits frappants de ressemblance avec la préten-
due institution des vengeances maçonniques. Voici la
notice qu'en donne le dictionnaire de Bouillet : « C'étaient
des tribunaux secrets, établis originairement en Westphalie ; ils avaient pour but de maintenir la paix publique et
la religion, et ils connaissaient de tous les crimes qui pou-
vaient troubler l'une ou l'autre. Les membres de ces tribunaux, dits *francs-juges*, s'enveloppaient du mystère le
plus profond et avaient, dans toute l'Allemagne, des initiés
qui leur déféraient les coupables ; tout initié était tenu
d'exécuter le jugement du tribunal dès qu'on l'en char-
geait ; le condamné était frappé par une main inconnue.

Après la paix publique de Westphalie, en 1371, un grand nombre de tribunaux s'établirent sur ce modèle dans les Etats qui avaient accédé à ce traité. Mais bientôt ils donnèrent lieu aux plus grands abus. Au quinzième siècle, les empereurs Sigismond, Albert, Frédéric III les réprimèrent, et ils disparurent au seizième siècle. »

On voit que cette institution, pendant plusieurs siècles, a été tolérée par les pouvoirs publics, comme correctif d'un mal plus grand ; ce qui dénote, chez les sociétés de ce temps, une sorte d'anarchie désastreuse, à laquelle on ne pouvait remédier par le recours aux autorités établies, dont l'insuffisance était notoire ; ce qui exigeait l'emploi des moyens anormaux.

C'est une cause semblable qui donna naissance à l'étrange institution que les Américains appellent la *loi de Lynch*. Voici en quoi elle consiste. Il arrive fréquemment que des explorateurs aventureux s'avancent dans des territoires inoccupés, au delà des limites de la confédération. Ces groupes cherchent fortune, mettent des terres en culture, forment des embryons d'Etats. Il n'existe parmi eux aucune autorité légalement constituée. Quand il se commet un crime ou délit, il y a nécessité de faire justice. Alors, à défaut de magistrats, une douzaine d'individus s'improvisent en tribunal ; on saisit le délinquant, on l'interroge, on le juge à la majorité des voix, et, s'il est reconnu coupable, on le condamne à mort et on le pend au premier arbre qu'on a sous la main. Ces procédés sommaires sont justifiés par la nécessité : une société, même élémentaire, ne peut vivre sans lois et sans tribunaux ; quand il n'en existe pas, on en improvise. Mais c'est là un mode de juger qui ne peut être transporté dans une société régulière où existent des lois et des tribunaux chargés de rendre la justice et de réprimer les attentats contre l'ordre public.

La secte des *Carbonari* a eu une grande affinité avec la

Franc-Maçonnerie. Etablie en France et en Italie depuis la restauration des Bourbons, c'était une société secrète, essentiellement politique, qui avait pour but le renversement des gouvernements monarchiques et l'introduction d'institutions démocratiques. En Italie, elle se proposait surtout l'expulsion des étrangers et l'unification de la patrie italienne. Elle était organisée en groupes de vingt associés appelés *ventes*. Elle avait pour règle de punir de mort ceux des affiliés qui trahiraient les secrets de l'association. Cette menace terrible se conçoit aisément dans une société secrète de conspirateurs : chacun des membres, en y entrant, joue sa vie et sait que le secret est commandé par le besoin d'un concert organisé en vue du succès. Car si les chefs de la société, à un moment donné, établissent un plan qui exige le concours de tous les membres, le but ne peut être atteint qu'autant que tous les conjurés exécutent fidèlement la consigne donnée. Si un traître divulgue le secret de l'entreprise, il la fait manquer, il attire sur tous les membres les vengeances du gouvernement, et il prive le pays, pour un temps peut-être fort long, des chances d'affranchissement que le complot aurait pu apporter. Cette trahison est donc un véritable crime contre la patrie et mérite un châtiment inexorable.

La plupart des carbonari étaient en même temps Francs-Maçons ; c'est ce qui a pu accréditer, dans le public, la croyance aux vengeances maçonniques.

Il y eut, en France, sous le règne de Louis-Philippe, des sociétés secrètes qui étaient la continuation de celle des carbonari et qui visaient au rétablissement de la République. La plus célèbre était celle des *Saisons*. Lorsque la révolution de 1848 amena leur triomphe, elles n'eurent plus de raison d'être. Alors Caussidière qui en était un des principaux membres, fut appelé au poste de Préfet de police ; il fut péniblement surpris en trouvant, dans les archives de la préfecture, des rapports qu'adressait au roi l'un des associés, nommé Lucien Delahodde. Irrité de cette odieuse trahison, il fit arrêter le coupable et le fit comparaître devant un tribunal secret, composé suivant les statuts de la société des Saisons. La plupart des membres conclurent à la peine de mort; et cette condamnation, si elle n'eût pu être justifiée au point de vue de la légalité, aurait pu l'être par le droit naturel. Mais Caussidière eut une heureuse inspiration: il se rappela qu'il était magistrat, chargé de faire respecter les lois, et qu'il commettrait une forfaiture en disposant arbitrairement de la vie d'un citoyen. On laissa le misérable en liberté, livré à ses remords et à l'infamie.

C'est là un exemple instructif. Dans des sociétés de conspirateurs, la punition des traîtres, bien qu'illégale, s'excuse par la nécessité et peut même être justifiée dans les pays qui, privés d'institutions libres, ne peuvent se remettre en possession de leurs droits que par des moyens violents.

Mais, en France, où la pensée et la presse sont complétement libres, où toutes les opinions peuvent se produire, où le suffrage universel assure la souveraineté du peuple, les sociétés secrètes n'ont plus de raison d'être, tout attentat contre les pouvoirs légalement établis est un crime contre la souveraineté du peuple.

Dans l'ancien régime, la Franc-Maçonnerie était fondée à s'entourer de secrets. Elle professait le principe de la tolérance en matière religieuse; ce qui suffisait pour lui attirer les foudres de la papauté; les brefs pontificaux prononçaient la peine de mort contre le seul fait de l'affiliation maçonnique. Les Francs-Maçons étaient donc obligés d'élever des barrières qui les protégeaient contre les investigations de l'autorité.

Ce n'est pas que la Franc-Maçonnerie professât des doctrines révolutionnaires. Car elle n'a jamais eu de doctrine uniforme et obligatoire pour ses adhérents, ni rien qui ressemblât à un symbole de foi. Bien des Loges ont été animées d'esprits différents. Quelques-unes ont été, en majorité, composées de monarchistes et d'aristocrates ; d'autres, en plus grand nombre, de démocrates. Les réactionnaires commettent un mensonge quand ils prétendent que, sous Louis XVI, la Maçonnerie avait pour devise secrète ces trois initiales L. P. D., signifiant *Lilia pedibus destrue* (Foule aux pieds les lis), emblème des Bourbons. Non, à cette époque, les Bailly, les Lafayette et, en général, les sommités de la Maçonnerie faisaient leurs efforts pour obtenir, en France, des institutions libérales et se seraient volontiers contentés du régime représentatif de l'Angleterre ; aucun d'eux ne visait au renversement des Bourbons.

En religion, l'immense majorité des Francs-Maçons est partisan de la Libre-Pensée, ennemie des superstitions et des révélations ; mais, en cette matière, il n'y a rien d'obligatoire. Une foule de formules maçonniques sont empruntées au judaïsme et au christianisme. Et même la suppression, en France, de la formule *A la gloire du grand Architecte de l'Univers* n'est point, comme ses ennemis l'ont affirmé, une profession d'athéisme ; c'est, au contraire, un hommage à la tolérance complète, qui n'impose aucun dogme, pas plus l'athéisme que le théisme.

Actuellement la Franc-Maçonnerie n'a plus aucun motif pour fuir les regards du public ; elle n'a point à craindre les investigations de l'autorité publique. Elle travaille au grand jour, elle proclame à haute voix son but et ses principes ; elle les a nettement formulés par l'article 1ᵉʳ de la Constitution adoptée en 1885, ainsi conçu :

« La Franc-Maçonnerie, institution essentiellement philanthropique, philosophique et progressive, a pour objet la recherche de la vérité, l'étude de la morale et la pratique de la solidarité ; elle travaille à l'amélioration matérielle et morale, au perfectionnement intellectuel et social de l'humanité.

« Elle a pour principe la tolérance mutuelle, le respect des autres et de soi-même, la liberté absolue de conscience.

« Considérant les conceptions métaphysiques comme étant du domaine exclusif de l'appréciation individuelle de ses membres, elle se refuse à toute affirmation dogmatique.

« Elle a pour devise : *Liberté, Egalité, Fraternité.* »

Une telle association n'a ni secrets ni mystères; il importe de le déclarer publiquement. Par conséquent, il est impossible de divulguer des secrets qui n'existent pas, et il ne peut y avoir lieu de venger une divulgation impossible.

Tout ce qui se dit et se passe dans les Loges, est à la disposition du public; car, d'une part, il existe des journaux spécialement consacrés à rendre compte des débats les plus importants; d'un autre côté, les manuels et rituels imprimés décrivent tous les rites observés dans la Maçonnerie. Le pamphletaire susnommé prétend que ces livres ne sont accessibles qu'aux Maçons justifiant de leur affiliation. C'est un mensonge, comme chacun peut s'en assurer, en se présentant dans une des librairies indiquées, où il lui sera vendu, sans aucune justification, autant d'exemplaires qu'il en voudra, desdits ouvrages. En outre, chacun peut aller en prendre connaissance à la Bibliothèque nationale.

C'est donc tromper le public, que de lui offrir comme révélations, des notions que la Maçonnerie met à la disposition de tout le monde. Et, de la part des Francs-Maçons, il y aurait de la démence à vouloir exercer des vengeances contre ceux qui publient ce que le public sait ou est à même de savoir.

Il suffirait donc de proclamer qu'il n'existe ni secrets ni

mystères, pour mettre à néant la calomnie que ses ennemis emploient de préférence. On en ferait justice une fois
pour toutes. Et dorénavant, à ceux qui viendraient encore
parler de vengeances maçonniques, on pourrait demander
si l'Académie des sciences juge à propos de se venger de
ceux qui divulguent..... le carré de l'hypoténuse.

Quelques Francs-Maçons nous ont présenté, à ce sujet,
des objections que nous devons discuter.

On nous dit qu'il y a des personnes que séduit le mystère, et qu'en déclarant qu'il n'y en a pas dans la Maçonnerie, on risque d'en éloigner beaucoup de monde. —
Nous répondons que, puisqu'en réalité il n'y a pas de mystère, notre devoir est de n'en pas promettre et même de
ne pas donner à entendre qu'on en trouvera. Agir autre-
ment, c'est commettre une sorte de charlatanisme incons-
cient. Quand la Maçonnerie reçoit un candidat, elle lui
recommande de répondre avec la plus grande sincérité sur
toutes les questions qui lui seront posées. Cette sincérité,
elle doit en donner l'exemple. Non seulement elle ne doit
rien affirmer de contraire à la vérité, mais encore elle ne
doit souffrir, dans son langage ni dans sa conduite, rien
qui puisse prêter à l'équivoque. Quant à ceux qui ne seraient déterminés à se faire recevoir que pour être initiés
à des mystères, il serait loyal de les avertir, avant de les
recevoir, que leur attente ne peut être satisfaite, et qu'en
entrant dans l'association, ils ne doivent se proposer que
de concourir au but défini par l'article précité.

Aucun Franc-Maçon ne peut contredire notre assertion
sur l'absence complète de mystères et de secrets. Mais il y
en a qui nous font observer que tout Maçon prête, en entrant, le serment solennel de ne rien révéler de ce qui se
dit et se fait dans les Ateliers, et que celui qui manque à
ce serment, commet une mauvaise action qui mérite d'être
punie.

Ces serments ont eu jadis leur raison d'être, ainsi que

les rites, à l'époque où, comme nous l'avons dit, l'association était obligée de s'entourer de précautions pour sa sécurité. Maintenant le serment n'a plus la même portée ni les mêmes justifications. Toutefois, tant qu'il ne sera pas supprimé, tous ceux qui le prêtent sont tenus d'y être fidèles. C'est un engagement d'honneur ; et tout parjure mérite d'être flétri. Mais jusqu'à quel point est-on lié par ce serment ? C'est là une question de probité. Il est généralement admis que ce serment ne fait pas obstacle à ce que les Francs-Maçons rendent compte des débats qui ont lieu dans les Ateliers qui parfois même ordonnent l'impression des discours. Le surplus doit être l'objet d'une discrétion absolue. Comment cette discrétion se concilie-t-elle avec l'impression des rituels ? C'est ce qui importe peu. Mais ce qui rend surtout la divulgation coupable, c'est la description satirique et envenimée des séances, telles qu'en ont donné deux renégats qui ont été inspirés par un sentiment visible d'animosité.

Pour juger du châtiment qu'ils méritent, on doit bien se rendre compte de la nature des secrets divulgués.

S'il s'agit de secrets d'État, par exemple, de mesures à prendre pour surprendre l'armée ennemie, pour s'emparer de forts ou pour repousser l'ennemi, d'engins dont l'État s'est réservé la connaissance, celui qui en a reçu la confidence et qui la divulgue, compromet la sécurité du pays, peut, par son indiscrétion, entraîner des malheurs immenses. Il peut donc encourir les peines les plus graves, comme coupable de trahison.

La législation française a rangé au nombre des délits la divulgation de secrets professionnels (article 378 du code pénal). On conçoit que, par exemple, celui qui, en sa qualité de médecin, de confesseur, de notaire, etc., a reçu de ses clients la communication ou l'aveu de faits dont la divulgation serait préjudiciable à leur auteur, commet une action odieuse et méprisable au plus haut degré.

En dehors de ces cas, le législateur n'a pas cru devoir édicter de peines contre ceux qui divulguent des secrets. La loi pénale n'atteint pas tous les faits contraires à la morale. Le particulier qui serait victime d'une indiscrétion, ne pourrait obtenir de condamnation pénale contre celui qui aurait trahi sa confiance ; mais il lui resterait l'action civile en dommages-intérêts, d'après l'article 1382 du code civil, qui décide que « tout fait quelconque de l'homme, qui cause à autrui un dommage, oblige celui par la faute duquel il arrive, à le réparer. »

Pour mesurer le degré de culpabilité du fait de divulgation de secrets maçonniques, on doit apprécier le dommage qui peut en résulter, soit pour l'association, soit pour ses membres. Or ce dommage est nul. Il n'y a donc pas besoin de chercher des foudres pour écraser le parjure ; il suffit du mépris.

Du moment qu'il sera bien entendu et publié qu'il n'y a dans la Maçonnerie ni secrets ni mystères, et que toute idée de vengeance maçonnique doit être écartée, il est évident que les glaives n'ont plus de rôle à remplir et doivent disparaître de la mise en scène, ainsi que la formule précitée. Le glaive est une arme de combat, un instrument de meurtre ; il ne doit pas figurer dans une société essentiellement pacifique et amie de l'harmonie universelle. Comme emblème, il symbolise la force, et la Maçonnerie a pour mission de soumettre la force à l'idée. On doit donc exclure les glaives de l'arsenal des Loges et sacrifier même la *voûte d'acier*. Plus on simplifiera et plus on donnera de valeur à la Maçonnerie.

Par suite des considérations qui précèdent, je conclus à ce que la L∴ *la Renaissance* adopte la délibération suivante et la propose à l'acceptation du Conseil de l'Ordre :

« Le Conseil de l'Ordre,

« Considérant que la Franc-Maçonnerie a été l'objet de calomnies nombreuses et persistantes, et qu'il importe, dans l'intérêt de sa considération aussi bien que dans l'intérêt de la vérité, de confondre le mensonge ;

« Considérant que la principale de ces calomnies a consisté à prétendre que la Maçonnerie tenait des tribunaux secrets pour punir ceux de ses membres qui révélaient ses secrets, et qu'elle les sacrifiait à ses vengeances ;

« Que certains rites et certaines formules, mal interprétés, ont pu, jusqu'à un certain point, servir à accréditer ces horribles imputations,

« Prend les résolutions suivantes :

« Il sera fait au nom de l'Ordre, une proclamation à laquelle sera donnée la plus grande publicité, par laquelle le Conseil affirmera hautement et sur l'honneur, qu'il n'y a, dans la Maçonnerie, ni mystères ni secrets, que, par conséquent, il est impossible de divulguer des secrets qui n'existent pas, et qu'il ne peut y avoir lieu de venger des divulgations impossibles.

« Est supprimée et interdite toute la partie du rituel où il est fait usage des glaives, lesquels seront retirés des Ateliers. Est également supprimée la formule employée lors de l'enlèvement du bandeau qui couvre les yeux des récipiendaires. »

La L∴ *la Renaissance*, après débats contradictoires, a adopté ces conclusions à l'unanimité et a décidé en outre que le mémoire ci-dessus serait imprimé et envoyé à toutes les Loges de l'Ob∴ du G∴ O∴, ainsi qu'aux membres du Cons∴ de l'O∴

Certifié conforme par nous Vénérable :

L'Orateur,
JAQUARD,
48, rue Mazarine.

L. A. BERTRAND aîné,
14, rue de Clignancourt.